This book belongs to:

_____

Month:                   Week of:

| | |
|---|---|
| M | |
| T | |
| W | |
| T | |
| F | |
| S | |
| S | |

Month: _____          Week of: _____

| | |
|---|---|
| M | |
| T | |
| W | |
| T | |
| F | |
| S | |
| S | |

Month: _____          Week of: _____

| | |
|---|---|
| M | |
| T | |
| W | |
| T | |
| F | |
| S | |
| S | |

Month: _____          Week of: _____

| | |
|---|---|
| M | |
| T | |
| W | |
| T | |
| F | |
| S | |
| S | |

Month: _____          Week of: _____

| | |
|---|---|
| M | |
| T | |
| W | |
| T | |
| F | |
| S | |
| S | |

Month: _____          Week of: _____

| | |
|---|---|
| M | |
| T | |
| W | |
| T | |
| F | |
| S | |
| S | |

Month:            Week of:

| | |
|---|---|
| M | |
| T | |
| W | |
| T | |
| F | |
| S | |
| S | |

Month:                    Week of:

| M | |
| T | |
| W | |
| T | |
| F | |
| S | |
| S | |

Month:                    Week of:

| | |
|---|---|
| M | |
| T | |
| W | |
| T | |
| F | |
| S | |
| S | |

Month:                      Week of:

| M | |
|---|---|
| T | |
| W | |
| T | |
| F | |
| S | |
| S | |

Month: _____          Week of: _____

| | |
|---|---|
| M | |
| T | |
| W | |
| T | |
| F | |
| S | |
| S | |

Month:              Week of:

| | |
|---|---|
| M | |
| T | |
| W | |
| T | |
| F | |
| S | |
| S | |

Month:           Week of:

| | |
|---|---|
| M | |
| T | |
| W | |
| T | |
| F | |
| S | |
| S | |

Month: _____                    Week of: _____

| | |
|---|---|
| M | |
| T | |
| W | |
| T | |
| F | |
| S | |
| S | |

Month:                    Week of:

| M | |
|---|---|
| T | |
| W | |
| T | |
| F | |
| S | |
| S | |

Month: _____        Week of: _____

| | |
|---|---|
| M | |
| T | |
| W | |
| T | |
| F | |
| S | |
| S | |

Month:               Week of:

| | |
|---|---|
| M | |
| T | |
| W | |
| T | |
| F | |
| S | |
| S | |

Month: _____          Week of: _____

| | |
|---|---|
| M | |
| T | |
| W | |
| T | |
| F | |
| S | |
| S | |

Month: _____ Week of: _____

| | |
|---|---|
| M | |
| T | |
| W | |
| T | |
| F | |
| S | |
| S | |

Month:             Week of:

| | |
|---|---|
| M | |
| T | |
| W | |
| T | |
| F | |
| S | |
| S | |

Month: _____      Week of: _____

| | |
|---|---|
| **M** | |
| **T** | |
| **W** | |
| **T** | |
| **F** | |
| **S** | |
| **S** | |

Month:                 Week of:

| M | |
|---|---|
| T | |
| W | |
| T | |
| F | |
| S | |
| S | |

Month:            Week of:

| | |
|---|---|
| M | |
| T | |
| W | |
| T | |
| F | |
| S | |
| S | |

Month:                    Week of:

| | |
|---|---|
| M | |
| T | |
| W | |
| T | |
| F | |
| S | |
| S | |

Month: _____          Week of: _____

| | |
|---|---|
| M | |
| T | |
| W | |
| T | |
| F | |
| S | |
| S | |

Month:             Week of:

| | |
|---|---|
| M | |
| T | |
| W | |
| T | |
| F | |
| S | |
| S | |

Month: _____     Week of: _____

| M | |
|---|---|
| T | |
| W | |
| T | |
| F | |
| S | |
| S | |

Month:                    Week of:

| M | |
| T | |
| W | |
| T | |
| F | |
| S | |
| S | |

Month:                    Week of:

| | |
|---|---|
| M | |
| T | |
| W | |
| T | |
| F | |
| S | |
| S | |

Month: _____     Week of: _____

| | |
|---|---|
| M | |
| T | |
| W | |
| T | |
| F | |
| S | |
| S | |

Month: _____      Week of: _____

| M | |
|---|---|
| T | |
| W | |
| T | |
| F | |
| S | |
| S | |

Month:            Week of:

| | |
|---|---|
| M | |
| T | |
| W | |
| T | |
| F | |
| S | |
| S | |

Month:            Week of:

| | |
|---|---|
| M | |
| T | |
| W | |
| T | |
| F | |
| S | |
| S | |

Month: _____          Week of: _____

| | |
|---|---|
| M | |
| T | |
| W | |
| T | |
| F | |
| S | |
| S | |

Month: _____          Week of: _____

| | |
|---|---|
| M | |
| T | |
| W | |
| T | |
| F | |
| S | |
| S | |

Month: _____    Week of: _____

| | |
|---|---|
| M | |
| T | |
| W | |
| T | |
| F | |
| S | |
| S | |

Month: _____                    Week of: _____

| | |
|---|---|
| **M** | |
| **T** | |
| **W** | |
| **T** | |
| **F** | |
| **S** | |
| **S** | |

Month: _____          Week of: _____

| | |
|---|---|
| M | |
| T | |
| W | |
| T | |
| F | |
| S | |
| S | |

Month:                    Week of:

| | |
|---|---|
| M | |
| T | |
| W | |
| T | |
| F | |
| S | |
| S | |

Month: _____  Week of: _____

| | |
|---|---|
| M | |
| T | |
| W | |
| T | |
| F | |
| S | |
| S | |

Month: _____          Week of: _____

| M | |
|---|---|
| T | |
| W | |
| T | |
| F | |
| S | |
| S | |

Month: _____                Week of: _____

| | |
|---|---|
| M | |
| T | |
| W | |
| T | |
| F | |
| S | |
| S | |

Month: _____          Week of: _____

| | |
|---|---|
| **M** | |
| **T** | |
| **W** | |
| **T** | |
| **F** | |
| **S** | |
| **S** | |

Month: _____          Week of: _____

| | |
|---|---|
| M | |
| T | |
| W | |
| T | |
| F | |
| S | |
| S | |

Month: _____          Week of: _____

| | |
|---|---|
| M | |
| T | |
| W | |
| T | |
| F | |
| S | |
| S | |

Month: _____          Week of: _____

| | |
|---|---|
| M | |
| T | |
| W | |
| T | |
| F | |
| S | |
| S | |

Month: _____          Week of: _____

| | |
|---|---|
| M | |
| T | |
| W | |
| T | |
| F | |
| S | |
| S | |

Month:            Week of:

| | |
|---|---|
| M | |
| T | |
| W | |
| T | |
| F | |
| S | |
| S | |

Month: _____     Week of: _____

| | |
|---|---|
| M | |
| T | |
| W | |
| T | |
| F | |
| S | |
| S | |

Month:                     Week of:

| | |
|---|---|
| M | |
| T | |
| W | |
| T | |
| F | |
| S | |
| S | |

Month: _____          Week of: _____

| | |
|---|---|
| M | |
| T | |
| W | |
| T | |
| F | |
| S | |
| S | |

Month: _____          Week of: _____

| | |
|---|---|
| M | |
| T | |
| W | |
| T | |
| F | |
| S | |
| S | |